AF267675

UN GRAIN DE BON SENS.

UN GRAIN DE BON SENS.

RÉFLEXIONS ÉLECTORALES,

PAR UN PAYSAN.

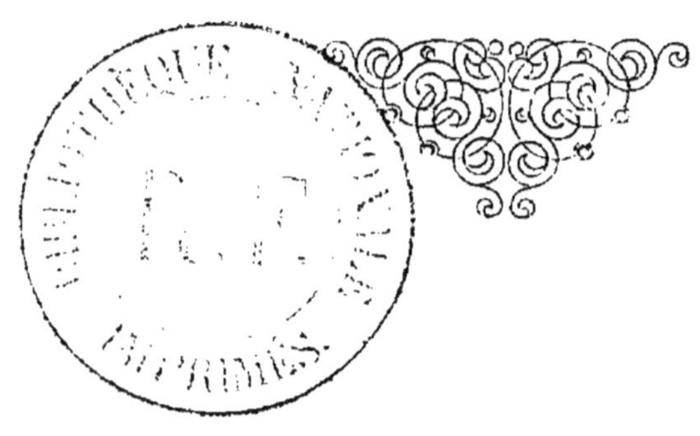

PARIS.
MICHEL LÉVY frères, Libraires-Editeurs,
Rue Vivienne, 1.

CHARTRES.
GARNIER, Imprimeur-Libraire,
Place des Halles, 16 et 17.

1849.

UN GRAIN DE BON SENS.

RÉFLEXIONS ÉLECTORALES,

PAR UN PAYSAN.

I.

En dépit de son nom, le sens COMMUN est RARE.
BOILEAU.

« Quand Dieu veut perdre les Rois, il commence par les aveugler », dit Bossuet.

Cette vérité dont nos pères ont, depuis plus d'un demi-siècle, cruellement apprécié la justesse et vérifié l'exactitude, est-elle donc, hélas ! applicable à toute souveraineté ? et sommes-nous destinés à la voir, par la logique inflexible des faits, se confirmer dans les catastrophes de l'avenir, comme dans les malheurs et dans les ruines du passé ?

Victimes de notre aveuglement et sacrifiés à nos opiniâtres prétentions, nos enfants devront-ils donc, gémissant sur les débris d'une société qui s'écroule, maudire les pères qui pouvaient les sauver et qui les auront perdus ? Ou bien, se résignant à une chute et à un désastre qui sera notre œuvre, l'expliqueront-ils par la parole de Bossuet, qui nous sera devenue applicable? Quand Dieu veut perdre les peuples, il commence par les aveugler !!

Quel aveuglement, en effet, que celui dans lequel vont s'accomplir, si Dieu ne nous vient en aide, les élections qui s'approchent, et d'où doit sortir, pour la société française, pour la patrie commune, — la VIE ou la MORT.

Quel tumulte et quelle obscurité, quand il est si nécessaire de se voir et de s'entendre !

Quel antagonisme et quelles divisions, quand il est si urgent de s'allier et d'obtenir, au prix de concessions réciproques, l'union d'où dépend le salut de la patrie !

Quelles prétentions opposées, contradictoires, hostiles, acharnées, quand le succès, s'il est possible, ne peut être obtenu que par l'abnégation, le dévouement, le sacrifice !

Quelle étrange et orgueilleuse opiniâtreté dans des doctrines, dont nul, après les leçons du passé, et en présence des menaces de l'avenir, n'est assez sûr pour vouloir les imposer !

Quelle confiance aveugle dans les opinions, quand, après les enseignements de l'année qui vient de finir, il serait si prudent de s'en défier !

Quelle défiance des hommes, au contraire, quelle défiance injurieuse et dissolvante, quand le salut de l'avenir dépend de la confiance et de l'union !

Quelle pluie de manifestes, quelle abondance de circulaires, quelle phraséologie obscure, entortillée, insignifiante, quand le salut dépend de la clarté, de la droiture et de la sincérité !

Pourquoi tant de phrases, et si peu de raisons ?

Pourquoi tant de mots, et si peu de sens ?

Pourquoi toutes ces paroles jetées au vent ? tout ce papier imprimé, distribué, répandu ? Pourquoi, quand il y a si peu à dire, hélas ! et tant à faire ?

Trois semaines encore nous séparent des élections et déjà on ne sait plus auquel croire ; bientôt les journaux, muets jusqu'ici et réservés, vont s'en mêler. C'est leur droit, c'est même leur devoir. — Alors ce sera complet. — Il n'y aura plus moyen de s'entendre.

Etrange abus des mots, avec lesquels on trompe et on entraîne les masses ; on appelle cela une *fusion* : c'est *confusion* qu'il faudrait dire.

II.

Quand vous avez à faire vos semailles, est-ce dans le trouble, le désordre et la confusion ? est-ce dans l'obscurité de la nuit que vous préparez vos graines et que vous triez vos semences ?

Non. C'est que vous savez bien que la récolte à venir, la récolte qui assure l'honneur de vos engagements, la sécurité de vos familles et le pain de vos enfants, dépend surtout du soin que vous apportez dans le bon choix de vos semences et l'examen scrupuleux de la bonne qualité de vos graines.

Car vous savez bien qu'on récolte comme on a semé, et qu'une poignée de grain incertain, jetée au hasard, peut vous punir au centuple de votre négligence ou de votre oubli.

Car vous savez que c'est le seul moment de l'année, le *seul* où votre volonté influe sur votre récolte, sur votre sort à venir. Vous savez qu'à partir du moment où le grain sort de vos mains, l'avenir commence, et que cet avenir obéit à des lois invariables et inflexibles.

Toute la volonté du monde, vous le savez bien, ne peut plus rien sur le grain qui est en terre, et *qui produit toujours son pareil.*

La germination, la croissance, l'épiage et la maturité dépendent de Dieu ; mais la semence dépend de vous.

C'est la part que Dieu vous a laissée dans son œuvre, et elle est assez belle. C'est la *liberté humaine.*

Le moment des élections, c'est l'époque des semailles.

C'est le seul moment où l'avenir dépende de vous. Une fois le vote sorti de vos mains et tombé dans l'urne, c'est le grain échappé au semeur et tombé dans le sillon.

La liberté humaine a accompli son œuvre. Celle de Dieu commence. Et, comme le grain, le vote, — ce grain électoral,— produit toujours son pareil.

Il se fait dans la conscience de vos mandataires un travail analogue à la germination qui s'accomplit, d'après des lois qui nous échappent, dans le sein de la terre qui vous porte et qui vous nourrit ; mais le grain que vous y avez déposé ne change pas de nature.

De quel droit donc vous plaindriez-vous, vous qui auriez semé du seigle, de ne pas récolter du blé ?

De quel droit vous plaindriez-vous, vous qui auriez, par négligence ou par confusion, semé de l'orge ou de l'ivraie, de ne pas récolter le froment qui doit nourrir votre famille et fortifier vos enfants?

De quel droit aussi, vous qui auriez semé l'ambition, l'avarice, l'intérêt ou la vanité, de ne pas récolter le dévouement, l'abnégation, le sacrifice?

Vous qui auriez semé l'obscurité, de ne pas récolter la lumière?

Vous qui auriez semé le trouble et la discorde, de ne pas récolter l'ordre et la sécurité?

De quel droit enfin, vous qui auriez semé le vent, vous plaindriez-vous de récolter la tempête?

III.

Lisez toutes ces circulaires pourtant, lisez tous ces manifestes émanant des divers comités électoraux. Jamais on n'a été plus près de s'entendre; jamais plus de conciliation dans les paroles, jamais plus de bonne volonté en apparence, plus de transactions dans le langage, plus de concessions sur le papier. On est si bien disposé, si conciliant, quand on a un but ; mais, au dehors, que de colères ardentes ! que d'antagonisme passionné ! que de volontés exigeantes! que de prétentions inflexibles !

« Ce n'est pas pour moi, dit-on. — Moi, ô mon Dieu ! je
» suis disposé à tout pour nous entendre. Je céderais volontiers
» s'il ne s'agissait que de moi ; mais je représente une opinion
» qui a des racines dans le pays. Je ne puis rien céder sur les
» principes. » Et la conclusion, c'est toujours une invincible ténacité, quand ce n'est pas, en outre, une manœuvre pour asservir ou dominer des opinions adverses, et amollir des opiniâtretés rivales au moyen de cet artifice vulgaire.

Il avait bien raison, le diplomate célèbre, qui, en présence de la confusion d'une autre époque aussi troublée que la nôtre, mais moins périlleuse, disait à des entêtés politiques :

« Messieurs, l'esprit de parti est le plus bête des esprits. »

Cherchons un peu en dehors des circulaires et des manifestes, cherchons un peu ce qu'il nous faut. Examinons de sang-froid la situation. Mesurons sans peur et sans aveuglement, sans colère et sans amertume, mesurons l'étendue du mal et l'imminence du péril.

Ceux qui croient tout perdu, et il y en a, ont tort et manquent de courage ; car nous pouvons encore tout sauver.

Ceux qui croient tout sauvé ont tort et manquent de prudence; car tout est en péril, et nous pouvons tout perdre.

A quel prix pouvons-nous tout sauver ? Par quelles fautes pouvons-nous tout perdre ? Toute la question est là.

La conciliation est si bien la nécessité du moment, on en sent si bien le besoin, on sait si bien que le désir est dans toutes les pensées, le vœu dans tous les cœurs, que ceux qui s'adressent à vous empruntent son langage et vous parlent en son nom.

Mais, je vous l'ai dit, conciliation apparente, langage de circonstance, bonne volonté sur le papier.

Pourquoi ? c'est que la conciliation, comme tous les bons mouvements du cœur, comme tous les bons instincts de l'ame, ne se proclame pas, elle se prouve ; ne s'exprime pas, elle s'exerce. On ne la voit pas, on ne l'entend pas, on la sent, on la subit, on l'imite.

Si elle était dans les intentions, on n'en dirait pas un mot. Personne n'en parlerait ; mais tout irait tout seul, et tout irait bien.

Au lieu de cet accord si désirable et si éloigné, si nécessaire et si peu certain, qu'entendons-nous de tous côtés, à toute heure, en tout lieu ?

« Qu'est-ce que cette liste ? je n'en veux pas, il y a trop de
» républicains, il y a trop de riches, il y a trop de nobles, il y a
» trop de bourgeois, d'orléanistes, de légitimistes ». Que sais-je encore !

Mais quand le feu est à votre maison, quand il menace vos récoltes, envahit vos granges et ruine vos enfants, demandez-vous à l'homme intrépide et dévoué, qui abandonne sa demeure pour combattre l'incendie, s'il est gentilhomme ou paysan, s'il est riche ou pauvre, s'il est ouvrier ou s'il est bourgeois, s'il est prêtre ou s'il est soldat. Eh bien! le feu est à la France ?

Ah ! ne donnez donc pas, croyez-moi, ne donnez pas vous-mêmes le funeste exemple de dissensions envenimées,de prétentions inconciliables, de luttes ardentes et d'exclusive ténacité, si vous voulez que ceux qui doivent vous représenter s'entendent, s'accordent, s'unissent pour vous sauver ; sinon la perte est certaine !

Je vous l'ai dit, et vous le savez, le grain que vous semez produit toujours son pareil. Le vote dans l'urne, c'est le grain dans le sillon. Vos mandataires seront ce que vous les ferez, ce que vous serez vous-mêmes ; unis, si vous êtes d'accord, — et tout est sauvé; — hostiles, si vous êtes ennemis, —et tout est perdu.

IV.

Revenons aux circulaires ; que disent-elles, toutes, en général, et chacune en particulier? exactement la même chose. Mettez-les toutes dans un sac, secouez-les et faites-en tirer une à chaque candidat, je veux mourir si chacun reconnaît la sienne. Ils veulent tous : l'ordre sans oppression, la liberté sans licence, toutes les économies compatibles avec une bonne administration, la diminution de l'armée et de la flotte, mais la gloire du drapeau et l'honneur du pavillon. Ajoutez-y, suivant les localités, la protection spéciale à accorder aux industries du pays, la nécessité, ici, de protéger l'agriculture, là, de développer l'industrie, ailleurs, de vivifier le commerce, plus loin, de favoriser l'exportation des vins, ailleurs encore, de protéger les fers et les houilles. Cherchez depuis 1814, c'est-à-dire depuis plus de trente-quatre années, je vous défie de trouver autre chose, et c'est encore la même chose qu'on vous dit aujourd'hui.

Or, cette insignifiante uniformité, cette phraséologie banale avec laquelle on vient solliciter vos suffrages et rechercher vos votes, est-elle la faute exclusive des candidats ? non, elle est surtout la faute des électeurs.

Le mandataire, qui souscrit à vos conditions, qui s'amoindrit au point de céder à vos exigences, qui va à l'Assemblée pour protéger vos intérêts, vos bois, ou vos laines, ou votre industrie, ou vos fers, est aujourd'hui, plus que jamais, un mandataire qui ne comprend pas la gravité des circonstances , l'imminence du péril, la solennité de la crise suprême qui se prépare ; mais vous surtout, vous qui l'y envoyez pour cela, qui lui imposez ces conditions, vous manquez à vos devoirs , vous outrepassez vos droits , vous méconnaissez plus encore la gravité du danger , les nécessités du présent et les menaces de l'avenir.

Il s'agit bien de savoir si votre agriculture sera encouragée, si des débouchés seront ménagés à vos bestiaux , si vos produits seront protégés par une prime, ou abandonnés aux chances du libre-échange ! Il s'agit de savoir si la terre que vous cultivez, la terre qui vous porte et qui vous nourrit, ne s'écroulera pas sous vos pieds. Il s'agit de savoir si le champ qui vous fait vivre, ne disparaîtra pas sous le fer de la charrue !

Il s'agit bien, ma foi, de savoir aujourd'hui si votre chemin de fer marchera demain , dans un mois ; s'il s'arrêtera ou s'il se prolongera , s'il passera par ici ou s'il passera par là. Il s'agit de savoir si la patrie échappera à la tempête qui la menace , si la civilisation ne périra pas, si la France sera la France !

Or, la civilisation, c'est votre agriculture , c'est votre chemin de fer , c'est votre commerce , c'est votre industrie , c'est la richesse et le bien-être , la sécurité et l'abondance , tous les arts et les métiers, toutes les gloires et tous les trésors.

N'imposez donc pas à des candidats la nécessité de ce langage uniforme et insignifiant , de ces promesses banales, de ces services particuliers et locaux. Ne les soumettez pas à l'obligation de ces interrogatoires sans résultats , de ces discussions qui les amoindrisssent, de ces débats qui les énervent. Ne leur donnez pas la charge accablante et diverse de s'occuper de vos intérêts particuliers, si vous voulez que l'intérêt général soit énergiquement défendu et résolument sauvé. Ne les forcez pas à se renfermer dans le cercle étroit du département , de l'arrondissement ou du canton, si vous voulez que la patrie échappe au désastre, que l'avenir soit garanti, et que la civilisation soit sauvée.

Vous voulez que les hommes fermes et désintéressés , énergiques et résolus, qu'il faut envoyer au devant du danger , et dont le dévouement accepte cette haute et périlleuse mission , se plient par avance à toutes les exigences locales, et subissent les conditions qu'il vous plairait de leur faire ? C'est vouloir que la la lame de plomb ou de fer-blanc d'un sabre d'enfant devienne, à l'heure du combat, l'arme protectrice et inflexible qui doit protéger votre vie , garder votre honneur , et sauver vos familles. — Il faut choisir. — Vous voulez une arme commode et indulgente, flexible et assouplie ? soit. Mais n'ayez pas la folie d'y compter à l'heure du péril. Vous voulez une arme fine et sûre , affilée et solide , trempée et fidèle ? soit encore. Mais alors n'essayez pas de jouer avec elle et de la plier dans tous les sens ; car ces sortes d'armes veulent être tirées avec respect et maniées avec réserve ; elles se redressent avec énergie, quand on les ploie à contre-sens ; elles se brisent avec éclats , ou blessent la main imprudente et folle qui veut en faire un inutile ou frivole emploi.

Protection , et résistance sont synonymes. On ne s'appuie que sur ce qui résiste ; défiez-vous de l'appui qui cède.

Laissez, laissez, croyez-moi, les hommes que vous connaissez , dont la probité vous inspire confiance, dont l'énergie vous est connue, dont le désintéressement n'est pas douteux, dont le courage éprouvé doit vous sauver, laissez-les , dans le silence de leur recueillement et dans la solitude de leur conscience, se préparer à l'œuvre que l'avenir, l'avenir terrible et menaçant, nous réserve à tous. Prenez-les , choisissez-les , sans acception de partis, sans considération de naissance ou de richesse, de pauvreté ou d'origine ; et si vous voulez qu'ils vous ressemblent, et cela sera , car l'épi ressemble au grain , cherchez dans le calme de vos consciences, dans les lumières de votre raison, avec bonne foi et sincérité , en dehors de tout intérêt particulier , de toute satisfaction de puéril amour-propre et de vanité frivole, les hommes fermes, dévoués , désintéressés , résolus , qui nous sauveront avec l'aide de Dieu. Je vous l'ai dit, l'urne , comme la terre, rend ce qu'on lui donne. Ils seront ce que vous serez vous-mêmes : désintéressés et résolus , si vous l'êtes ; unis, si vous êtes d'accord, et tout est sauvé ; hostiles, si vous êtes divisés , et tout est perdu !

V.

Les élections qui s'approchent recèlent un autre danger contre lequel il faut être en garde ; d'autant plus en garde, que ce n'est pas un danger visible, imminent, qui frappe les esprits ou qui saisisse les cœurs, mais qui n'en est ni moins grave, ni moins réel. Ce danger, c'est l'indifférence ou la tiédeur. Dix, cent, mille, se disent qu'une voix ne fait rien, qu'un vote est insignifiant, qu'un bulletin est sans importance, et le mal est fait, et le désordre arrive, et l'anarchie triomphe. Quand la flamme s'avance, et que le feu court sur le chaume de vos toits, restez-vous spectateurs indifférents de ses progrès, sous prétexte que deux bras sont peu de chose, et qu'un seau d'eau de plus ou de moins ne fait rien à l'incendie ? Quelques enfants, quelques femmes, pour allonger la chaîne et la mener jusqu'à l'abreuvoir, auraient sauvé bien des récoltes, et préservé bien des villages. Le plus noble vaisseau, le plus glorieux navire peut sombrer et périr en mer, faute d'un enfant aux pompes, ou d'un mousse à la manœuvre. Il n'appartient à aucun de nous, de décider qu'il n'est pas ce mousse ou cet enfant.

L'ordre est à ce prix.

L'ordre, — tous les partis vous le promettront par leurs moyens ; — tous, ils se trompent, ou vous trompent. Je vous l'ai dit, — j'espère vous l'avoir prouvé ; l'ordre ne dépend pas d'eux, — il dépend de vous. C'est la part que Dieu vous a laissée dans son œuvre. — Dieu se réserve de faire germer, croître et mûrir la moisson. — Semez, vous récolterez.

Les partis n'ont jamais rien produit, et ne produiront jamais rien ; — n'ont jamais rien fondé, et ne fonderont jamais rien. L'ordre dépend de Dieu et de vous seuls. — La Monarchie, que beaucoup désirent, ne produirait pas l'ordre. — La République, que beaucoup redoutent, pas davantage. — Le Socialisme, encore moins. Les partis politiques, obéissant aux instincts de leurs passions, à la logique de leurs intérêts, prennent la conséquence pour le principe, et l'effet pour la cause ; c'est que l'ordre doit être préexistant. — L'ordre doit être fondé d'abord, pour qu'un état politique, quel qu'il soit, s'y appuie et s'y consolide. — Je ne sais pas, personne ne sait ce qui doit venir. — Mais ce que je sais, c'est que ce qui doit venir, ne viendra, ne durera, ne prospérera que par l'ordre. — Comme ce qui doit s'en aller, ne s'en ira que par le désordre.

Le moment va venir, l'heure s'approche; je vous ai dit avec bonne foi, avec sincérité, sans ménagements et sans faiblesse, d'où dépend, selon moi, la sécurité de l'avenir et le salut de la patrie commune. — Il n'est au pouvoir d'aucun parti de nous les ravir. Comme il n'est au pouvoir d'aucun parti de nous les donner. — Ce pouvoir, Dieu nous l'a laissé. — Servons-nous-en. Servons-nous-en avec calme, avec résolution, avec simplicité, avec courage, et rappelons-nous que la paix, c'est-à-dire l'ordre, que la paix a été promise *sur la terre, aux hommes de bonne volonté.*

UN PAYSAN.